KOREANISCH IM HANDUMDREHEN

Der Alltagswortschatz in Bildern und Sätzen.
Einfach Koreanisch mitreden.

von Tien Tammada

PONS Langenscheidt GmbH
Stuttgart

Vorwort

In fremde, ferne Länder zu reisen, ist eine wunderbare, herrliche Sache. Auf der Liste der schönsten Dinge für alle Menschen steht das Reisen wahrscheinlich an erster Stelle.

Doch vor jeder Reise in die Fremde steht die Hürde einer neuen Fremdsprache. Für viele Menschen scheint es unüberwindbar, sich auf das Erlernen einer neuen Fremdsprache einzulassen.
Dabei ist es gar nicht so schwer eine neue Sprache zu lernen und sich damit neue Möglichkeiten zu erschließen.

Ganz egal, ob es dein Ziel ist, Urlaub im zauberhaften Korea zu verbringen, ob du gerne mit einem Menschen aus Korea flirten möchtest oder im richtigen Moment bemerkst, dass ein anderer mit dir flirtet (wer weiß, vielleicht verpasst du in solch einem Augenblick gerade die Gelegenheit, deinen Traumprinzen oder deine Traumprinzessin fürs Leben zu finden), oder ob du einen kompletten Neuanfang in Korea planst, warte nicht, bis du den ersten Schritt auf diesem Weg machst.

Lass dich nicht davon abhalten, deinem Herzenswunsch zu folgen. Trau dich und triff die Entscheidung, dich der koreanischen Sprache zu stellen.

Jetzt und sofort!

Sobald du deine Herzensentscheidung getroffen hast, Koreanisch zu lernen, steht dir dieses Buch für den ersten Schritt zur Seite. Du brauchst nach diesem Entschluss nicht sofort einen Sprachkurs zu belegen oder dich mit komplizierter Grammatik zu beschäftigen.

Wer schon einmal eine Sprache gelernt hat und sie gut beherrscht, weiß, dass es am wichtigsten, am allerschnellsten und am einfachsten ist, ins kalte Wasser zu springen. Wenn du erst einmal angefangen hast, läuft es wie von selbst.

Bereite dich nicht lange vor und springe, denn probieren geht über studieren.

Dieses Buch, mit seinen passenden Bildern, Illustrationen, Wortzusammenstellungen und wertvollen Sätzen hilft dir dabei. Schlage bei den ersten Sprachhürden auf deiner Reise das passende Kapitel auf und dort wirst du die wichtigsten Sätze und Begriffe finden.

Die einheitliche Farbgebung der Wörter und Lautschriftzeichen erleichtert die Zuordnung von Wort und Lautschrift und damit das Erlernen der Fremdsprache. Die Erklärung zu den verwendeten Farben findest du auf der Innenseite des hinteren Buchumschlags.

Wenn es mit der Aussprache noch nicht hundertprozentig klappt, kannst du mit dem Zeigefinger auf das Bild oder den danebenstehenden Satz tippen und dich sofort verständlich machen. So einfach und so schnell ist es, denn dieses Buch heißt:

Koreanisch im Handumdrehen.

Inhalt

Alltagssätze, Alltagsschätze

유익한 일상 대화

[yu-i-khan il-sang de-hwa]

Begrüßung

인사말

[in-sa-mal]

안녕히 주무셨어요? / 잘 잤어?	안녕하세요!	안녕하세요!
[an-nyeong-hi ju-mu-syeos-seo-yo / jal-jas-seo]	[an-nyeong-ha-se-yo]	[an-nyeong-ha-se-yo]
Guten Morgen!	Guten Tag!	Guten Abend!

어떻게 지내세요? / 잘 지내요?

[eo-tteoh-ge ji-ne-se-yo / jal ji-ne-yo]

Wie geht es Ihnen?/Wie geht es dir?

네, 잘 지내요.

[ne jal ji-ne-yo]

Es geht mir gut.

네	아니요
[ne]	[a-ni-yo]
Ja.	Nein.

고마워요.	정말 고마워요.	별말씀을요.	천만에요.
[komawoyo]	[jeong-mal komawoyo]	[byeol-mal-sseu-meu-ryo]	[cheon-ma-neyo]
Danke.	Vielen Dank.	Gern geschehen.	Mit Vergnügen.

제 이름은...이에요. / 예요. [je-i-reu-meun ... i-e-yo / ye-yo]	Ich heiße ...
이름이 뭐예요? [i-reu-mi mwo-ye-yo]	Wie heißen Sie? / Wie heißt du?
만나서 반가워요. [man-na-seo ban-ga-wo-yo]	Sehr erfreut.
저는 독일에서 왔어요. [jeo-neun do-gil-e-seo was-seo-yo]	Ich komme aus Deutschland.
저는 한국어를 못해요. [jeo-neun han-gu-geo-reul mo-te-yo]	Ich kann kein Koreanisch sprechen.
저는 한국어를 조금 할 수 있어요. [jeo neun han-gu-geo-reul jo-geum hal su i-sseo-yo]	Ich spreche ein bisschen Koreanisch.
한국어로 어떻게 말해요? [han-gu-keo-ro eo-tteo-ke mal-he-yo]	Wie heißt das auf Koreanisch?
다시 한번 말해 줄 수 있어요? [da-si han-beon mal-he jul su i-sseo-yo]	Könnten Sie / Könntest du das bitte wiederholen?
천천히 말해 줄 수 있어요? [cheon-cheon-hi mal-he jul su i-sseo-yo]	Könnten Sie / Könntest du bitte langsamer sprechen?

실례합니다, ...에 어떻게 가나요?

[sil-le-ham-nida, ... e eo-tteo-ge ga-na-yo]

Entschuldigen Sie bitte, wie komme ich zum ...?

그게 무슨 뜻이에요? [geu-ge mu-seun tteu-si-e-yo]	Was bedeutet das?
그게 뭐예요? [geu-ge mwo-ye-yo]	Was ist das?
뭐라고요? [mwo-ra-go-yo]	Wie bitte?
실례합니다. [sil-le-ham-ni-da]	Entschuldigung.
괜찮아요. [kwen-cha-na-yo]	Kein Problem.
여기가 어디에요? [yeo-gi-ga eo-di-e-yo]	Wo bin ich?
...에 어떻게 가요? [e eo-tteo-ge ga-yo]	Wie komme ich zum ...?
...씨 [ssi]	Herr ... / Frau ...
...양 [yang]	Frau ... (Mädchen)
...군 [gun]	Herr ... (Junge)

... 어디에 있어요? [eo-di-e is-seo-yo]	Wo ist ...?
저는 ... 고 싶어요. [jeo-neun ... go si-peo-yo]	Ich hätte gern ...
얼마예요? [eol-ma-ye-yo]	Wie viel kostet das?
저는 이게 마음에 들어요. / 저는 이게 좋아요. [jeo-neun i-ge ma-eu-me deu-leo-yo/ jeo-neun i-ge joh-a-yo]	Ich mag das.
저는 이거 별로예요. / 저는 이거 싫어요. [jeo-neun i-geo byeol-lo-ye-yo / jeo-neun i-geo si-leo-yo]	Ich mag das nicht.
그저 그래요. [keu-jeo geu-re-yo]	So lala.
좋아요. [jo-a-yo]	gut
아주 좋아요. [a-ju jo-a-yo]	sehr gut
대단해요! [te-dan-he-yo]	Hervorragend!
완벽해! [wan-byeo-ge]	Perfekt!

안 좋아요. [an jo-a-yo]	schlecht
아주 안 좋아요. [a-ju an jo-a-yo]	sehr schlecht
많이 [mani]	viel
조금 [jo-geum]	wenig
약간 [yak-gan]	ein bisschen
잠시만요. [jam-si-man-yo]	Einen Moment, bitte.
잠깐만요. [jam-ggan-man-yo]	Einen Augenblick, bitte.
또 봐요! [tto bwa-yo]	Bis bald!
나중에 봐요! [na-jung-e bwa-yo]	Bis später!
내일 봐요! [ne-il bwa-yo]	Bis morgen!

안녕히 가세요. [an-nyeong-hi ga-se-yo]	Auf Wiedersehen! (formal) (Wenn der andere geht.)
잘 가. [jal-ga]	Tschüss! (umgangssprachlich) (Wenn der andere geht.)
안녕히 계세요. [an-nyeong-hi ge-se-yo]	Auf Wiedersehen! (formal) (Wenn du gehst und der andere zurückbleibt.)
잘 있어. [jal-lis-seo]	Tschüss! (umgangssprachlich) (Wenn du gehst und der andere zurückbleibt.)
누구예요? [nu-gu-e-yo]	Wer?
뭐예요? [mwo-e-yo]	Was?
어디예요? [eo-di-e-yo]	Wo?
언제요? [eon-je-yo]	Wann?
왜요? [we-yo]	Warum?
어떻게요? [eo-tteo-ke-yo]	Wie?
얼마나 많이요? / 몇 개요? [eol-mana ma-ni-yo / myeot ge-yo]	Wie viel(e)?

안녕히 계세요! / 잘 있어!*

[an-nyeong-hi ge-se-yo / jal lis-seo]

Auf Wiedersehen! / Tschüss!

안녕히 가세요! / 잘 가!**

[an-nyeong-hi ga-se-yo / jal ga]

Auf Wiedersehen! / Tschüss!

* Wörtlich übersetzt: 안녕히 = in Frieden, 계세요 = bitte bleiben
잘 = gut, 있어 bleibe

** Wörtlich übersetzt: 안녕히 = in Frieden, 가세요 = bitte gehen
잘 = gut, 가 gehe

Am Flughafen

공항에서 [gong-hang-e-seo]

공항
[gong-hang]

der Flughafen

출입국 관리소가 어디에 있어요?
[chu-rib-guk gwal-li-so-ga
eo-di-e i-sseo-yo]

Wo ist die Passkontrolle?

비행기

[pi-heng-gi]

실례합니다, 시내에 어떻게 갈 수 있나요?
[sil-le-ham-nida, si-ne-e eo-tteo-ke gal su in-na-yo]
Entschuldigung, wie komme ich zum Stadtzentrum?

기차역이 어디에 있어요?
[gi-cha-yeo-gi eo-di-e i-sseo-yo]
Wo ist der Bahnhof?

[chul-gu] Ausgang

실례합니다,
출구가 어디에 있어요?

[sil-le-ham-ni-da
chul-gu-ga eo-di-e i-sseo-yo]

Entschuldigung, wo ist der Ausgang?

das Flugzeug

버스 정류장이 어디에 있어요?
[beo-seu jeong-ryu-jangi eo-di-e i-sseo-yo]
Wo ist die Bushaltestelle?

택시를 어디에서 탈 수 있어요?
[tek-si-reul eo-di-e-seo tal su i-sseo-yo]
Wo bekomme ich ein Taxi?

관광 안내소가 어디에 있어요?
[kwan-kwang an-ne-so-ga eo-di-e-is-seo-yo]
Wo ist die Touristeninformation?

시내까지 얼마나 걸려요?
[si-ne-gga-ji eol-ma-na gyeol-lyeo-yo]
Wie weit ist es bis zum Stadtzentrum?

저렴한 호텔을 추천해 줄 수 있나요?
[jeo-ryeo-man ho-te-leul chu-cheon-he jul su in-na-yo]
Können Sie mir ein preiswertes Hotel empfehlen?

이 주소로 데려다주세요.
[i ju-so-ro de-ryeo-da-ju-se-yo]
Fahren Sie mich bitte zu dieser Adresse.

버스
[beo-seu]
der Bus

마을버스
[ma-eul-beo-seu]
der Minibus

요금이 얼마예요?
[yo-geum-mi eol-ma-e-yo]
Was kostet die Fahrt?

신용카드로 계산할 수 있나요?
[sin-yong-ka-deu-ro gye-san-hal-su-in-na-yo]
Kann ich mit Kreditkarte bezahlen?

언제 내려야 하는지 알려 주실 수 있나요?
[eon-je ne-ryeo-ya ha-neun-ji al-lyeo-ju-sil su in-na-yo]
Würden Sie mir bitte sagen, wann ich aussteigen muss?

도와주셔서 정말 감사합니다.
[do-wa-ju-syeo-seo jeong-mal gam-sa-ham-ni-da]
Vielen Dank für Ihre Hilfe.

택시
[tek-si]
das Taxi

기차
[ki-cha]
der Zug

지하철
[ji-ha-cheol]
die U-Bahn

고속철 (KTX)

[go-sok-cheol]

der Hochgeschwindigkeitszug

배

[pe]

das Schiff

Die Unterkunft

숙소 / [suk-so]

빈방이 있나요? [bin-bangi-in-na-yo]	Haben Sie ein Zimmer frei?
방을 볼 수 있나요? [bang-eul bol su in-na-yo]	Könnte ich mir das Zimmer ansehen?
얼마예요? [eol-ma-ye-yo]	Wie viel kostet das?
아침식사가 포함되어 있나요? [a-chim-sik-sa-ga po-ham-dwe-eo in-na-yo]	Ist das Frühstück inbegriffen?
방을 ... 이름으로 예약했어요. [bang-eul ... i-reu-meu-ro ye-yak-he-sseo-yo]	Ich habe ein Zimmer auf den Namen... gebucht.

여기 제 여권 이에요. [yeo-gi je yeo-gwon-i-e-yo]	Hier ist mein Reisepass.
와이파이가 있나요? [wa-i-pa-i-ga in-na-yo]	Gibt es hier WLAN?
금고가 있나요? [geum-go-ga in-na-yo]	Gibt es einen Safe?
몇 시에 체크아웃해야 해요? [myeot-si-e che-keu-a-ut-he-ya he-yo]	Wann muss ich auschecken?
카운터가 항상 열려 있나요? [ka-un-teo-gu-ga hang-sang yeol-yeo in-na-yo]	Ist die Rezeption den ganzen Tag besetzt?

...이 지낼 방을 주세요.

[...i ji-nel bang-eul ju-se-yo]

Ich hätte gern ein Zimmer für ...

한 명
[han myeong]
eine Person.

두 명
[du myeong]
zwei Personen.

가족

[ga-jok]

eine Familie.

천장
[cheon-jang]
die Decke
책장
[chek-jang]
das Bücherregal
등
[deung]
die Lampe
창문
[chang-mun]
das Fenster
스위치
[seu-wi-chi]
der Lichtschalter
알람 시계
[al-lam si-gye]
der Wecker
베개
[be-ge]
das Kopfkissen
의자
[ui-ja]
der Stuhl
책상
[chek-sang]
der Schreibtisch
플러그
[peul-leo-geu]
der Stecker
콘센트
[kon-sen-teu]
die Steckdose

Im Schlafzimmer

침실에서 / [chim-sil-e-seo]

Im Badezimmer

욕실에서 / [yok-sil-e-seo]

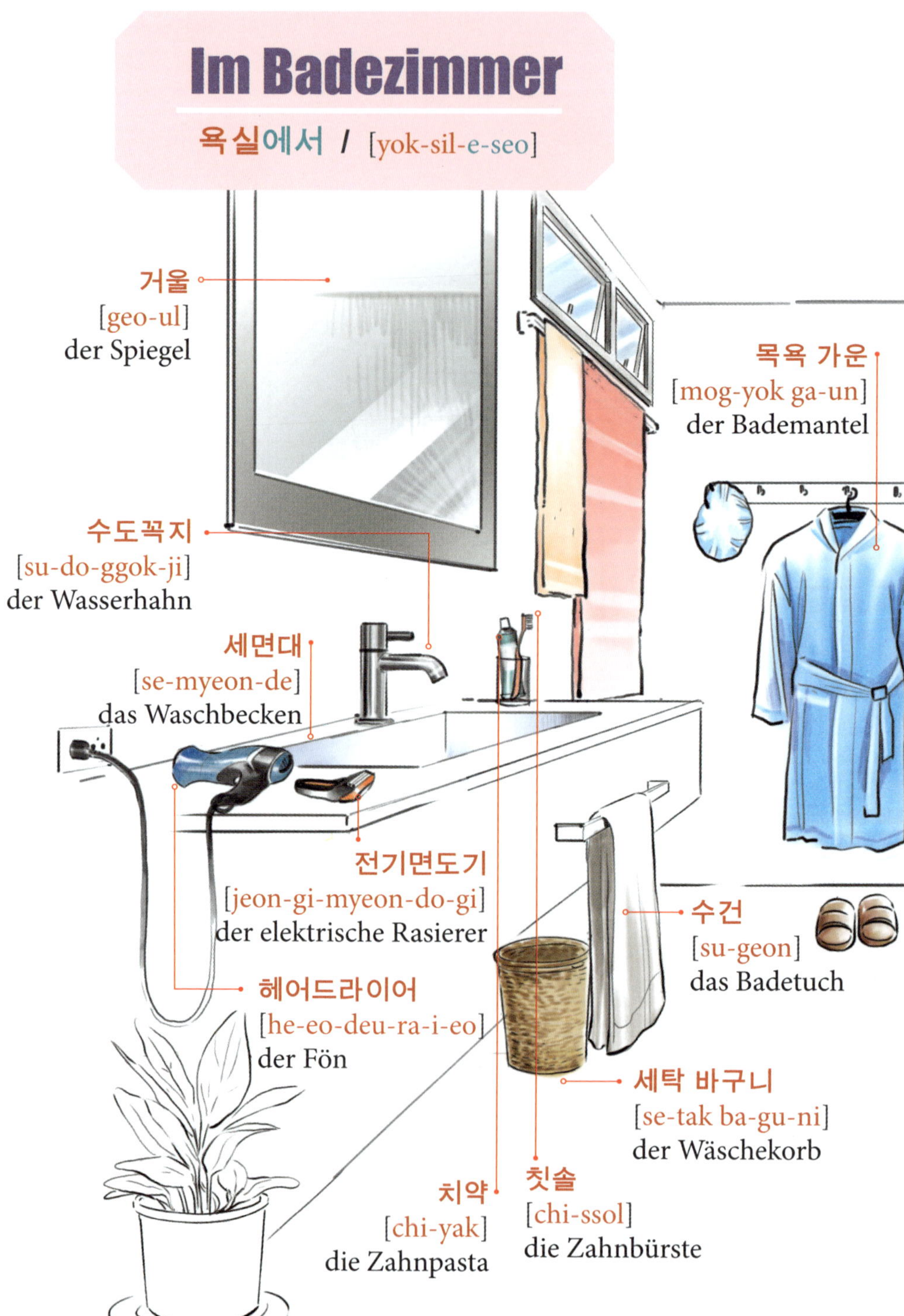

샤워기
[sya-wo-gi]
die Dusche
린스
[rin-seu]
die Haarspülung
변기 레버
[byeon-gi re-beo]
die Spülung
바디워시
[ba-di-weo-si]
das Duschgel
샴푸
[syam-pu]
das Shampoo
변기
[byeon-gi]
die Toilette
변기솔
[byeon-gi-sol]
die Klobürste
비누
[bi-nu]
die Seife
화장지
[hwa-jang-ji]
das Klopapier
배수구
[be-su-gu]
der Abfluss
발매트
[bal me-teu]
die Bademattе
욕조
[yok-jo]
die Badewanne

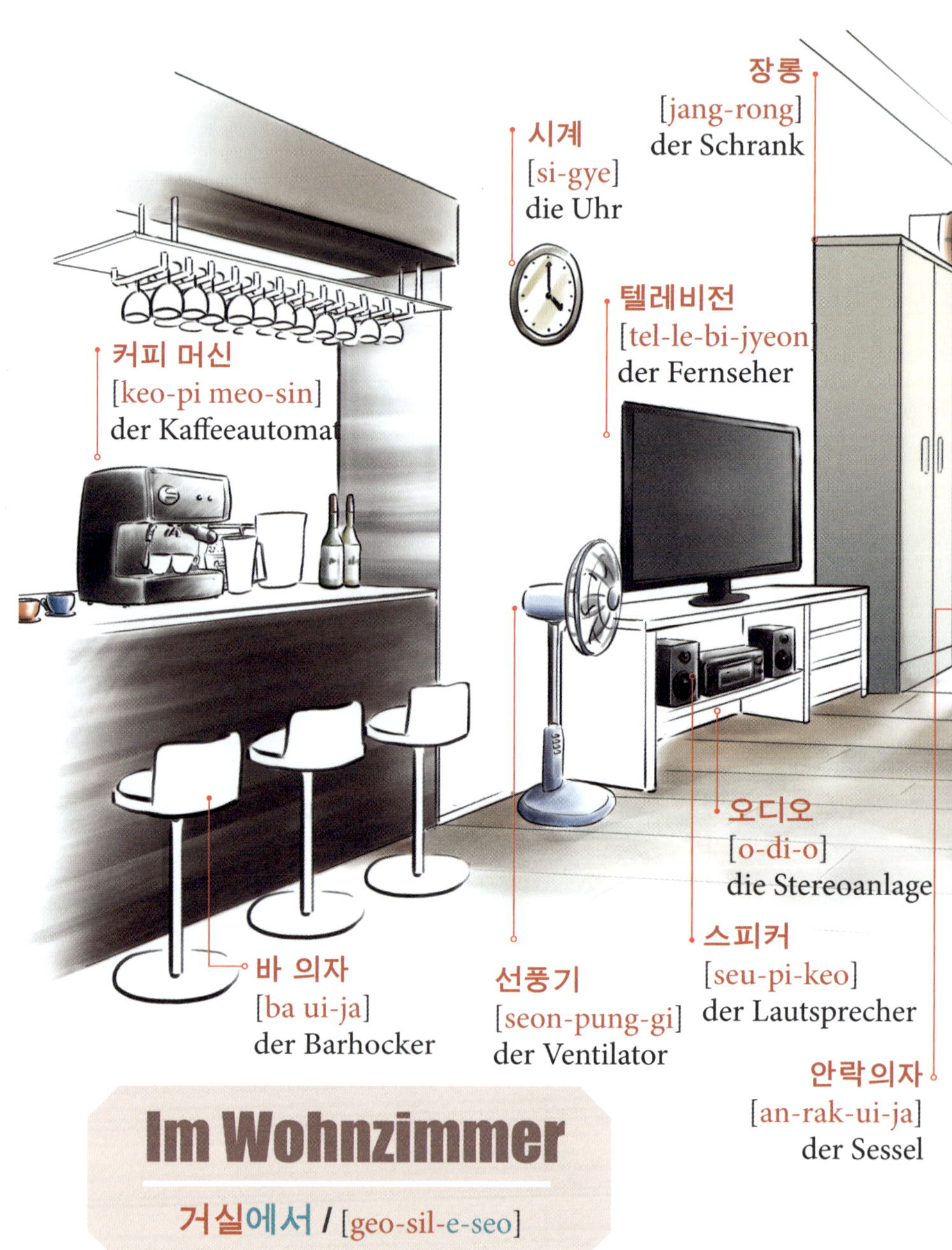

Im Wohnzimmer

거실에서 / [geo-sil-e-seo]

등
[deung]
die Lampe
피아노
[pi-a-no]
das Klavier
그림
[geu-rim]
das Bild
책
[chek]
die Bücher
바이올린
[ba-i-ol-lin]
die Geige
테이블
[te-i-beul]
der Tisch
전화기
[jeon-hwa-gi]
das Telefon
소파
[so-pa]
das Sofa
꽃병
[ggot-byeong]
die Vase
리모컨
[ri-mo-keon]
die Fernbedienung
꽃
[ggot]
die Blumen

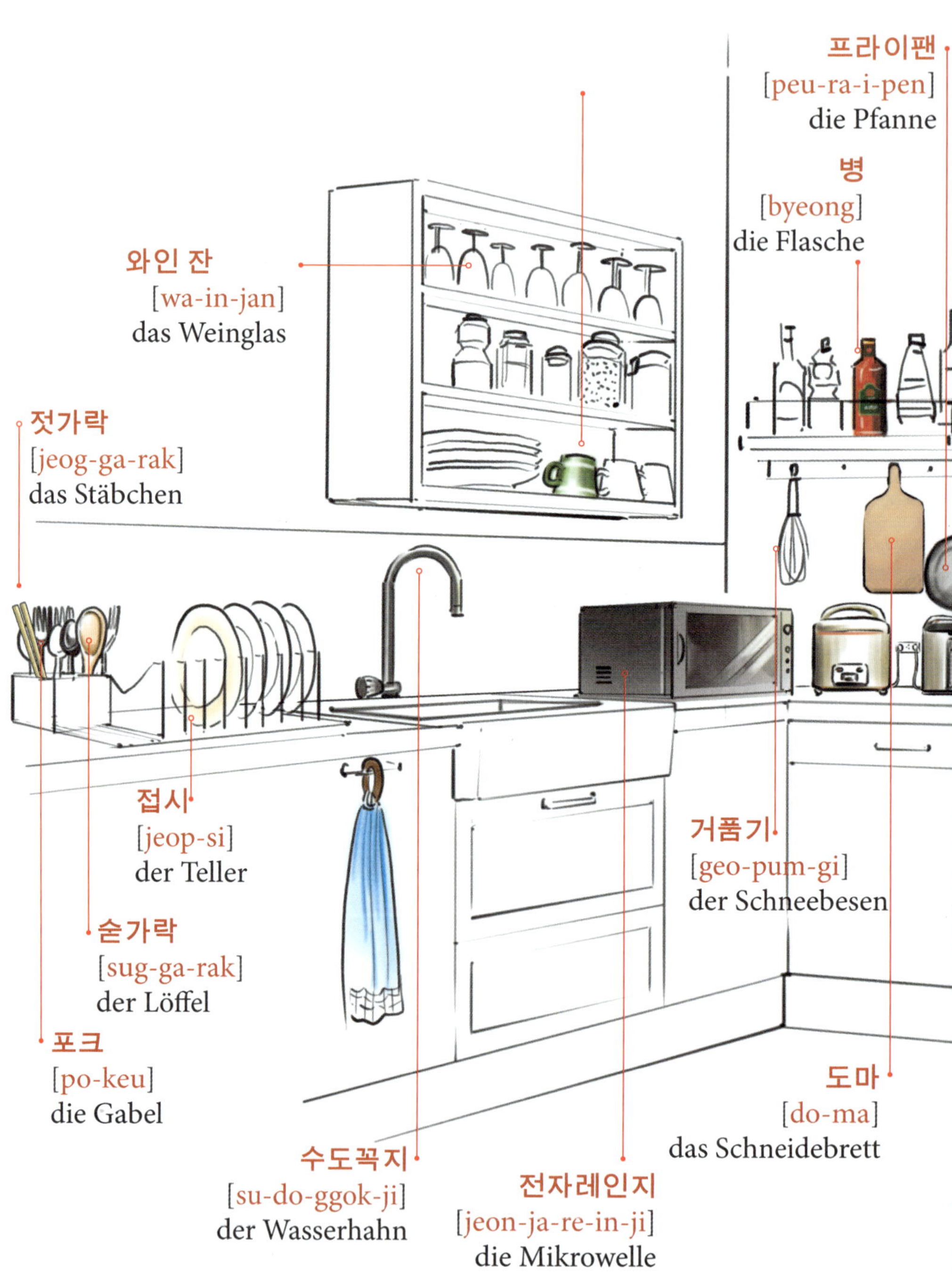
프라이팬
[peu-ra-i-pen]
die Pfanne
병
[byeong]
die Flasche
와인 잔
[wa-in-jan]
das Weinglas
젓가락
[jeog-ga-rak]
das Stäbchen
접시
[jeop-si]
der Teller
숟가락
[sug-ga-rak]
der Löffel
포크
[po-keu]
die Gabel
거품기
[geo-pum-gi]
der Schneebesen
도마
[do-ma]
das Schneidebrett
수도꼭지
[su-do-ggok-ji]
der Wasserhahn
전자레인지
[jeon-ja-re-in-ji]
die Mikrowelle

In der Küche

부엌에서 [bu-eok-e-seo]

Ausflüge (in der Stadt und außerhalb)

여행 (도시와 시골에서)
[yeo-heng (do-si-wa si-gol-e-seo)]

이 근처에 관광 명소가 있나요?

[i geun-cheo-e gwan-gwang myeong-so-ga in-na-yo]

Gibt es irgendwelche Sehenswürdigkeiten in dieser Gegend?

어디에서 전통 지방음식을 맛볼 수 있나요?

[eo-di-e-seo jeon-tong ji-bang-eum-si-keul mas-bol su in-na-yo]

Wo kann ich regionale Spezialitäten probieren?

Ausflüge mit dem Zug

기차여행 [gi-cha-yeo-heng]

기차역이 어디에 있어요? [gi-cha-yeo-ki eo-di-e-is-seo-yo]	Wo ist der Bahnhof?
승차권 자동판매기는 어디에 있어요? [seung-cha-gwon ja-dong-pan-me-gi-neun eo-di-e-is-seo-yo]	Wo ist der Fahrkartenautomat?
매표소가 어디에 있어요? [me-pyo-so-ga eo-di-e-is-seo-yo]	Wo ist der Fahrkartenschalter?
요금이 얼마인가요? [yo-geum-mi eol-ma-in-ga-yo]	Wie viel kostet die Fahrkarte?
특실 표 주세요. [teug-sil pyo ju-se-yo]	Bitte eine Fahrkarte erster Klasse.
일반실 표 주세요. [il-ban-sil pyo ju-se-yo]	Bitte eine Fahrkarte zweiter Klasse.
편도 표 주세요. [pyeon-do pyo ju-se-yo]	Bitte eine einfache Fahrkarte.

왕복 표 주세요. [wang-bok pyo ju-se-yo]	Bitte eine Rückfahrkarte.
좌석을 예약하고 싶어요. [jwa-seo-geul ye-yak-ha-go si-peo-yo]	Ich möchte einen Sitzplatz reservieren.
기차는 몇 시에 출발해요? [gi-cha-neun myeot-si-e chul-bal-he-yo]	Wann fährt der Zug ab?
열차를 몇 번 갈아타야 하나요? [yeol-cha-reul myeot beon ga-la-ta-ya ha-na-yo]	Wie oft muss ich umsteigen?
다음 역의 이름이 뭐예요? [da-eum yeo-keui i-reu-mi mwo-ye-yo]	Wie heißt die nächste Haltestelle?
언제 내려야 하는지 알려주세요. [eon-je ne-ryeo-ya ha-neun-ji al-lyeo-ju-se-yo]	Würden Sie mir bitte sagen, wann ich aussteigen muss?

Am Bahnhof

기차역에서

[ki-cha-yeok-e-seo]

역
[yeok]
der Bahnhof

중앙역
[jung-ang-yeok]
der Hauptbahnhof

매표소
[me-pyo-so]
der Fahrkartenschalter

승차권
[seung-cha-gwon]
die Fahrkarte

시간표
[si-gan-pyo]
der Fahrplan

도착
[do-chak]
die Ankunft

출발
[chul-bal]
die Abfahrt

기차
[gi-cha]
der Zug

플랫폼, 승강장
[peul-let-pom, seung-gang-jang]
der Bahnsteig

침실 열차
[chim-sil yeol-cha]
der Schlafwagen

급행 열차
[keup-heng yeol-cha]
der Schnellzug

특실
[teug-sil]
eine Fahrkarte erster Klasse

일반실
[il-ban-sil]
eine Fahrkarte zweiter Klasse

좌석 예약
[jwa-seok ye-yak]
eine Sitzplatzreservierung

편도
[pyeon-do]
einfach

왕복
[wang-bok]
hin und zurück

추가요금
[chu-ga-yo-geum]
der Zuschlag

타다
[ta-da]
einsteigen

내리다
[ne-ri-da]
aussteigen

열차 환승
[yeol-cha-hwan-seung]
umsteigen

기차 / 버스 몇 시에 출발해요?

[ki-cha / peo-seu myeot si-e chul-bal-he-yo]

Um wie viel Uhr fährt der Zug /der Bus ab?

실례합니다, 승차권 구매하는 것 좀 도와주실 수 있나요?

[sil-le-ham-ni-da, seung-cha-gwan gu-me-ha-neun geot jom do-wa-ju-sil su in-na-yo]

**Entschuldigen Sie bitte,
könnten Sie mir helfen,ein Ticket an dem Automaten zu kaufen?**

저는...에 가고 싶어요.

[jeo-neun ...e ga-go si-peo-yo]

(Ich möchte nach... fahren.)

Ausflüge mit dem Bus und mit der U-Bahn

버스와 지하철로 하는 여행
[peo-seu-wa-ji-ha-jeol-lo ha-neun-yeo-heng]

버스 [beo-seu]	der Autobus, der Bus
버스 정류장 [beo-seu jeong-ryu-jang]	die Bushaltestelle
지하철 [ji-ha-cheol]	die U-Bahn

지하철역이 어디에 있어요?
[ji-ha-cheol-yeo-ki eo-di-e-i-sseo-yo]
Wo ist die U-Bahn-Station?

지하철역 [ji-ha-cheol-yeok]	die U-Bahn-Station
승차권 [seung-cha-gwon]	die Fahrkarte
검표원 [geom-pyo-won]	der Kontrolleur / die Kontrolleurin
벌금 [beol-geum]	die Geldstrafe

...어디에 있어요?

[eo-di-e- i-sseo-yo]

Wo ist ...?

버스 정류장이 어디에 있어요?

[beo-seu jeong-ryu-jangi eo-di-e- i-sseo-yo]

Wo ist die Bushaltestelle?

신호등
[si-no-deung]
die Ampel

오토바이
[o-to-ba-i]
das Motorrad

자전거
[ja-jeon-geo]
das Fahrrad

자동차
[ja-dong-cha]
das Auto

Auf eigene Faust unterwegs mit dem Auto, Motorrad, Fahrrad und zu Fuß

자동차, 오토바이, 자전거, 혹은 도보로 하는 여행

[ja-dong-cha, o-to-ba-i, ja-jeon-geo, ho-geun doboro ha-neun yeo-heng]

거리 [geo-ri]	die Straße
교차로 [gyo-cha-ro]	die Kreuzung
직진하다 [jik-jin-ha-da]	geradeaus gehen/fahren
우회전 [wu-hoe-jeon]	rechts abbiegen
좌회전 [jwa-hoe-jeon]	links abbiegen
여기 [yeo-gi]	hier
저기 [jeo-gi]	dort
가깝다 [ka-ggap-da]	nah
멀다 [meol-da]	weit
보험 [bo-heom]	die Versicherung
주유소가 어디에요? [ju-yu-so-ga eo-di-e-yo]	Wo ist eine Tankstelle?
어떤 휘발유를 넣어야 해요? [eo-tteon hwi-bal-u-reul neo-eo-ya-he-yo]	Welches Benzin soll ich tanken?

Kunst und Freizeitaktivitäten

예술 및 레저 활동 [ye-sul mich re-jeo hwal-dong]

극장
[geuk-jang]
das Theater

오페라 극장
[o-pe-ra geuk-jang]
das Opernhaus

영화관
[yeong-hwa-gwan]
das Kino

미술관
[mi-sul-gwan]
die Kunstgalerie

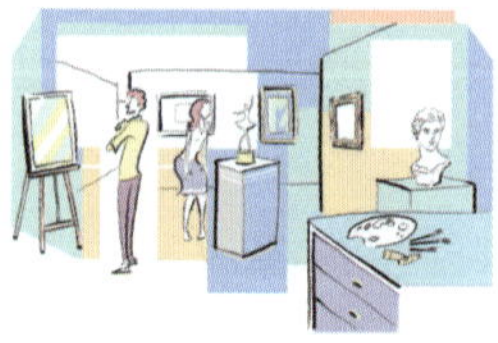

박물관
[bak-mul-gwan]
das Museum

실내 수영장
[sil-le su-yeong-jang]
das Hallenbad

야외 수영장
[ya-oe su-yeong-jang]
das Freibad

사우나, 목욕탕
[sa-u-na / mo-kyok-tang]
die Sauna

공원
[gong-won]
der Stadtpark

헬스클럽
[hel-seu-keul-leob]
das Fitnessstudio

Sehenswürdigkeiten

관광 명소 [gwan-gwang myeong-so]

불국사
[bul-guk-sa]
Bulguksa Tempel / (Gyeongju)

감천문화마을
[kam-cheon-mun-hwa-ma-eul]
Gamcheon Kultur Dorf (Busan)

광화문
[gwang-hwa-mun]
Gwanghwamun (Seoul)

후원
[hu-won]
Geheimer Garten Huwon (Seoul)

화성
[hwa-seong]
Hwaseong Festung (Suwon)

남이섬
[na-mi-seom]
Namiseom Insel (Chuncheon)

포천아트밸리
[po-cheo-na-teu-bel-li]
Pocheon Kunst Tal (Pocheon)

설악산 국립공원
[seo-lak-san gung-lip-gong-won]
Seoraksan National Park (Sokcho)

제주도
[je-ju-do]
Jeju Insel

부산
[bu-san]
Busan

경복궁
[gyeong-bok-gung]
Gyeongbok Palast (Seoul)

강화도
[kang-hwa-do]
Ganghwado Insel

전주한옥마을
[jeon-ju-ha-nok-ma-eul]
Jeonju hanok Dorf (Jeonju)

진도
[jin-do]
Jindo

보령머드축제
[bo-ryeong-meo-deu-chuk-je]
Boryeong Schlammfestival (Boryeong)

In der Bäckerei

빵집에서 [ppang-jib-e-seo]

호두과자
[ho-du-gwa-ja]
der Walnusskeks

황남빵
[hwang-nam-ppang]
das Hwangnam-Brot

소라 빵
[so-ra-ppang]
das Sora-Brot

붕어빵
[bung-eo-ppang]
das Fischbrot

계란 빵
[kye-ran ppang]
das Eierbrot

빵
[ppang]

das Brot

단팥 빵
[tan-pat ppang]

das Brot mit roten Bohnen

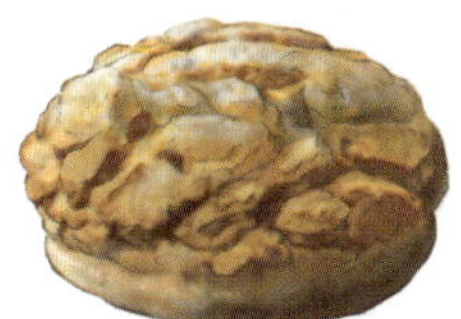

소보로 빵
[so-bo-ro ppang]

das Soboro-Brot

In der Metzgerei

정육점에서 [jeong-yuk-jeom-e-seo]

양
[yang]
das Lamm

양고기
[yang-go-gi]
das Lammfleisch

소고기
[so-go-gi]
das Rindfleisch

소
[so]
das Rind

오리
[o-ri]
die Ente

오리고기
[o-ri-go-gi]
das Entenfleisch

돼지고기
[dwe-ji-go-gi]
das Schweinefleisch

돼지
[dwe-ji]
das Schwein

닭
[dak]
das Huhn

닭고기
[dak-go-gi]
das Hühnerfleisch

Im Fischgeschäft

생선가게에서 [seng-seon-ka-ge-e-seo]

고등어
[ko-deung-eo]
die Makrele

생선살
[seng-seon-sal]
der Fisch

대구
[te-gu]
der Kabeljau

새우
[se-u]
die Garnele

게
[ke]
die Krabbe

명태
[myeong-te]
der Seelachs

참치
[cham-chi]
der Thunfisch
오징어
[o-jing-eo]
der Tintenfisch
연어
[yeo-neo]
der Lachs
가자미
[ga-ja-mi]
die Scholle
홍합
[hong-hap]
die Miesmuschel
굴
[kul]
die Auster

1
2
3
4
5
6
7
8
9

Im Gemüseladen

야채 가게에서 [ya-che ka-ge-e-seo]

1. 가지 [ga-ji]
die Aubergine

2. 오이 [o-i]
die Gurke

3. 브로콜리 [beu-ro-kol-li]
der Brokkoli

4. 배추 [pe-chu]
der Chinakohl

5. 무 [mu]
der Rettich

6. 완두콩 [wan-du-kong]
die Erbse

7. 콜리플라워 [kol-li-peul-la-wo]
der Blumenkohl

8. 당근 [dang-geun]
die Möhre

9. 고추 [ko-chu]
der Chili

1. 생강 [seng-gang]
der Ingwer

2. 상추 [sang-chu]
der Kopfsalat

3. 호박 [ho-bak]
der Kürbis

4. 아몬드 [a-mon-deu]
die Mandel

5. 땅콩 [ttang-kong]
die Erdnuss

6. 밤 [bam]
die Esskastanie

7. 마늘 [ma-neul]
der Knoblauch

8. 버섯 [beo-seot]
der Pilz

9. 감자 [kam-ja]
die Kartoffel

10. 옥수수 [ok-su-su]
der Mais

11. 호두 [ho-du]
die Walnuss

1
2
3
4
6
7
5
8
9
10
11

1
2
3
4
5
6
7
8
9
10

1. 비트 [bi-teu]
die rote Beete

2. 피망 [pi-mang]
die Paprika

3. 양파 [yang-pa]
die Zwiebel

4. 양배추 [yang-be-chu]
der Weißkohl

5. 적양배추 [jeo-kyang-be-chu]
der Rotkohl

6. 아스파라거스 [a-seu-pa-ra-geo-seu]
der Spargel

7. 토마토 [to-ma-to]
die Tomate

8. 주키니 호박 [ju-ki-ni ho-bak]
die Zucchini

9. 셀러리 [sel-leo-ri]
der Sellerie

10. 시금치 [si-geum-chi]
der Spinat

Im Obstladen

과일가게에서 [kwa-il-ka-ge-e-seo]

사과
[sa-gwa]
der Apfel

풋사과
[put-sa-gwa]
der grüne Apfel

배
[pe]
die Birne

체리
[che-ri]
die Kirsche

자두
[ja-du]
die Pflaume

올리브
[ol-li-beu]
die Olive

코코넛
[ko-ko-neot]
die Kokosnuss

딸기
[ttal-gi]
die Erdbeere

파인애플
[pa-i-ne-peul]
die Ananas

석류
[seok-ryu]
der Granatapfel

참외
[cha-moe]
die koreanische Melone

산딸기
[san-ttal-gi]
die Himbeere

감
[gam]
die Kaki

블루베리
[beul-lu-be-ri]
die Blaubeere

레몬
[re-mon]
die koreanische Zitrone

라임
[ra-im]
die Limette

망고
[mang-go]
die Mango

아보카도
[a-bo-ka-do]
die Avocado

복숭아
[bok-sung-a]
der Pfirsich

파파야
[pa-pa-ya]
die Papaya

바나나
[ba-na-na]
die Banane

오렌지
[o-ren-ji]
die Orange

귤
[kyul]
die Mandarine

수박
[su-bak]
die Wassermelone

포도
[po-do]
die Weintraube

멜론
[mel-lon]
die Melone

키위
[kiwi]
die Kiwi

Getränke

마실거리 [ma-sil-geo-ri]

탄산수
[tan-san-su]
das (Mineral)wasser mit Kohlensäure

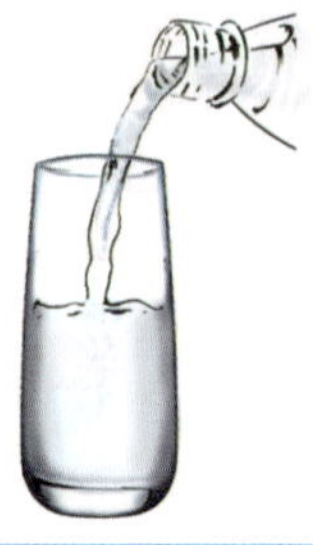

물 / 생수
[mul / seng-su]
das stille Wasser

미네랄 워터
[mi-ne-ral weo-teo]
das Mineralwasser

레모네이드
[re-mo-ne-i-deu]
die Limonade

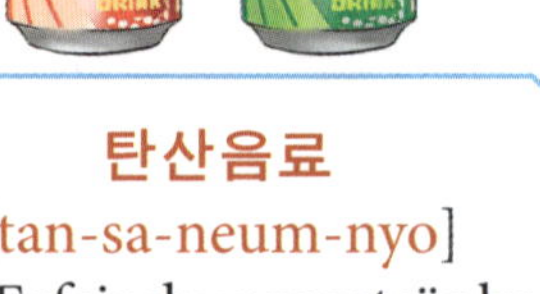

탄산음료
[tan-sa-neum-nyo]
die Erfrischungsgetränke

식혜
[si-khye]
das süsse Reisgetränk

당근주스
[tang-geun-ju-seu]
der Karottensaft

파인애플주스
[pa-i-ne-peul-ju-seu]
der Ananassaft

사과주스
[sa-gwa-ju-seu]
der Apfelsaft

토마토주스
[to-ma-to-ju-seu]
der Tomatensaft

오렌지주스
[o-ren-ji-ju-seu]
der Orangensaft

포도주스
[po-do-ju-seu]
der Traubensaft

In der Bar

술집에서 [sul-jib-e-seo]

맥주
[mek-ju]
das Bier

소주
[so-ju]
der Suzhou

청주
[cheong-ju]
der Cheongju

인삼주
[in-sam-ju]
der Ginsengwein

적포도주 / 레드와인
[jeok-po-do-ju / re-deu-wa-in]
der Rotwein

백포도주 / 화이트와인
[bek-po-do-ju / hwaiteu--wa-in]
der Weißwein

로제와인
[ro-je-wa-in]
der Rosé

막걸리
[mak-ggeol-li]
der Reiswein

매실주
[me-sil-ju]
der Pflaumenwein

안동소주
[an-dong-so-ju]
der Andong Suzhou

복분자주
[bok-bun-ja-ju]
der Himbeerwein

나쁜 와인을
[nap-peun wa-i-neul]

마시기에는
[ma-si-gi-e-neun]

너무 짧은 인생
[neo-mu jjal-beun in-saeng]

Das Leben ist viel zu kurz,
um schlechten Wein zu trinken.

Johann Wolfgang von Goethe

에스프레소
[es-peu-re-so]
der Espresso

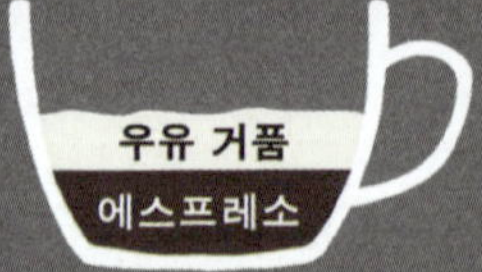

에스프레소 마키아토
[es-peu-re-so ma-ki-a-tto]
der Espresso Macchiato

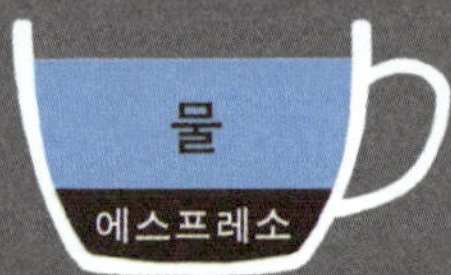

아메리카노
[a-me-ri-ka-no]
der Caffè Americano

아포가토
[a-po-ga-to]
der Affogato

Im Café 카페에서 [ka-pe-e-seo]

에스프레소 [es-peu-re-so]
der Kaffee mit sehr kräftigem Geschmack

에스프레소 마키아토 [es-peu-re-so ma-ki-a-tto]
der doppelte Espresso mit etwas Milchschaum

아메리카노 [a-me-ri-ka-no]
der Espresso mit Wasser verdünnt

아포가토 [a-po-ga-to]
der Espresso mit Vanilleeis

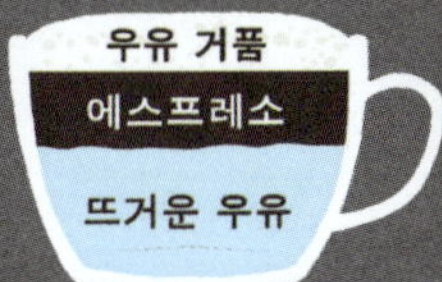

카페라떼
[ka-pe-ra-tte]
der Milchkaffee

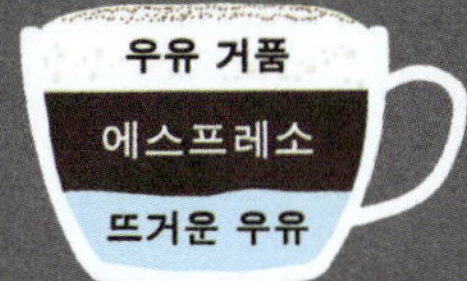

카푸치노
[ka-pu-chi-no]
der Cappuccino

카페모카
[ka-pe-mo-ka]
der Mokka

핫초코
[hat-cho-ko]
die heiße Schokolade

핫밀크
[hat-mil-keu]
die heiße Milch

카페라떼 [ka-pe-la-tte]
der Milchkaffee

카푸치노 [ka-pu-chi-no]
der Espresso mit etwas heißer Milch und Milchschaum

카페모카 [ka-pe-mo-ka]
der Espresso mit Schokoladensirup und etwas Milchschaum

핫초코 [hat-cho-ko]
die heiße Schokolade

핫밀크 [hat-mil-keu]
die heiße Milch

1
2
3
4
5
6
Tee
차 [cha]
7
8
10
9
8
11
12

1. 떡차 [tteok-cha]
der Kuchentee

2. 도화차 [do-hwa-cha]
der Pfirsichblütentee

3. 국화차 [gu-khwa-cha]
der Chrysanthementee

4. 홍차 [hong-cha]
der rote Tee

5. 황산차 [hwang-san-cha]
der Rosebay-Tee

6. 인삼차 [in-sam-cha]
der Ginseng-Tee

7. 메밀차 [me-mil-cha]
der Buchweizentee

8. 민들레차 [min-deul-le-cha]
der Löwenzahntee

9. 오미자차 [o-mi-ja-cha]
der Magnolienblüten-Beeren-Tee

10. 생강차 [seng-gang-cha]
der Ingwertee

11. 녹차 [nok-cha]
der grüne Tee

12. 연꽃차 [yeon-ggot-cha]
der Lotusblütentee

여기요, 주문할게요.

[yeo-gi-yo, ju-mun-hal-ge-yo]

Entschuldigung!
Ich würde gerne bestellen.

음식을 추천해 주실 수 있나요?

[eum-si-geul chu-cheon-he ju-sil su in-na-yo]

Was können Sie mir empfehlen?

Im Restaurant

식당에서 [sik-dang-e-seo]

식당 [sik-dang] das Restaurant

메뉴 [me-nyu] die Speisekarte

두 사람 자리가 있나요? [tu sa-ram ja-li-ga in-na-yo]	Haben Sie einen Tisch für zwei Personen?
오늘의 특별 요리는 뭐예요? [o-neul-ui teuk-byeol yo-ri-neun mwo-ye-yo]	Gibt es ein Tagesmenü?
...을 (를) 주문할게요. [eul(reul) ju-mun-hal-ge-yo]	Ich hätte gerne...
잘 먹겠습니다. [jal meok-get-seum-nida]	Ich werde gut essen. (Wird vor dem Essen gesagt.)
잘 먹었습니다. [jal meo-keot-seum-nida]	Ich habe gut gegessen. (Wird nach dem Essen gesagt.)

식사	[sik-sa]	die Mahlzeit
아침식사	[a-chim-sik-sa]	das Frühstück
점심식사	[jeom-sim-sik-sa]	das Mittagessen
저녁식사	[jeo-nyeok-sik-sa]	das Abendessen

맛있게 드세요!

[ma-sit-ke deu-se-yo]

Guten Appetit!

여기 계산해 주세요. / 계산서 좀 주세요.

[yeo-gi kye-san-hae-ju-se-yo / kye-san-seo jom ju-se-yo]

Die Rechnung, bitte.

음식이 아주 맛있었어요! [eum-si-gi a-ju mas-iss-eoss-eo-yo]	Das Essen war sehr gut!
맛있어요! [ma-sis-seo-yo]	Köstlich!
거스름돈은 괜찮아요. [geo-seu-reum-do-neun kwean-cha-na-yo]	Stimmt so!
팁 [tip]	das Trinkgeld

후추
[hu-chu]
der Pfeffer

소금
[so-geum]
das Salz

Die Gewürze

양념 [yang-nyeom]

고춧가루
[go-chut-ga-ru]
das Chilipulver

고추장
[go-chu-jang]
die Chilipaste

참기름
[cham-gi-reum]
das Sesamöl

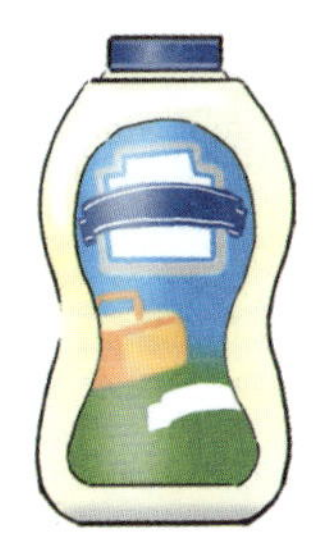

겨자
[kyeo-ja]
der Senf

토마토케첩
[to-ma-to ke-cheob]
der Tomatenketchup

마요네즈
[ma-yo-ne-jeu]
die Mayonnaise

설탕
[seol-tang]
der Zucker

쌈장
[ssam-jang]
die Samjangsoße

식초
[sik-cho]
der Essig

파르메산 치즈
[pa-reu-me-san chi-jeu]
der Parmesankäse

간장
[gan-jang]
die Sojasoße

꿀
[ggul]
der Honig

버터
[beo-teo]
die Butter

딸기잼
[ttal-gi-jem]
die Erdbeermarmelade

뮤즐리
[myu-jeul-li]
das Müsli

오렌지 마멀레이드
[o-len-ji ma-meol-le-i-deu]
die Orangenmarmelade

삶은 달걀
[sal-meun dal-gyal]
das gekochte Ei

요거트
[yo-geo-teu]
der Joghurt

스크램블 에그
[seu-keu-rem-beul e-geu]
das Rührei

한국의 서양식 아침식사
[han-gu-gui-seo-yang-sik a-chim-sik-sa]
westliches Frühstück in Korea

Das Frühstück

아침식사 [a-chim-sik-sa]

한국의 전통적인 아침식사
[han-gu-gui jeon-tong-jeo-gin a-chim-sik-sa]
traditionell koreanisches Frühstück

Typische koreanische Gerichte

대표적인 한국 음식 [te-pyo-jeo-gin han-gug-eum-sik]

비빔밥
[bi-bim-bap]
Bibimbap

불고기
[bul-go-gi]
mariniertes, gegrilltes Rindfleisch

순두부찌개
[sun-du-bu-jji-ge]
würziger Tofu-Eintopf

잡채
[jap-che]
gebratene Nudeln

김치찌개
[gim-chi-jji-ge]
Kimchi-Eintopf

된장찌개
[doen-jang-jji-ge]
Sojabohneneintopf

제육볶음
[je-yuk-bo-ggeum]
gebratenes, würziges Schweinefleisch

삼계탕
[sam-gye-tang]
Ginseng-Hühnersuppe

냉면
[neng-myeon]
kalte Buchweizennudeln

어묵탕
[eo-muk-tang]
Fischkuchen

떡볶이
[tteok-bo-ggi]
würziger Reiskuchen

김밥
[gim-bap]
Algenreisrolle

해물파전
[he-mul-pa-jeon]
Gemüsepfannkuchen
mit Meeresfrüchten

Süßspeisen

디저트 [di-jeo-teu]

1. 부꾸미 [bu-ggu-mi]

•••

2. 다식 [da-sik]

•••

3. 붕어빵 [bung-eo-ppang]

•••

4. 빙수 [bing-su]

•••

5. 호떡 [hot-teok]

•••

6. 과편 [gwa-pyeon]

•••

7. 만두 [man-du]

•••

8. 송편 [song-pyeon]

•••

9. 약과 [yak-gwa]

•••

10. 약식 [yak-sik]

1
2
3
4
5
6
7
8
9
10

Einkaufsmöglichkeiten 쇼핑하는 곳 [syo-ping-ha-neun-god]

신세계 백화점
[sin-se-gye bek-hwa-jeom]
Shinsegae-Kaufhaus

현대 백화점
[hyeon-de bek-hwa-jeom]
Hyeonde-Kaufhaus

롯데 백화점
[lotte bek-hwa-jeon]
Lotte-Kaufhaus

갤러리아 백화점
[kel-leo-ri-a bek-hwa-jeom]
Galeria-Kaufhaus

백화점
[bek-hwa-jeom]
das Kaufhaus

쇼핑센터
[syo-ping-sen-teo]
das Einkaufszentrum

가게
[ka-ge]
das Geschäft

수퍼마켓
[su-peo-ma-ket]
der Supermarkt

시장
[si-jang]
der Markt

Alles, was das Herz begehrt

당신의 마음이 원하는 모든 것
[dang-si-nui ma-eum-i won-ha-neun mo-deun geot]

화장품 가게
[hwa-jang-pum ka-ge]
die Parfümerie

미용실
[mi-yong-sil]
der Friseursalon

보석 가게
[bo-seok ka-ge]
das Juweliergeschäft

꽃가게 / 꽃집
[ggot-ka-ge / ggot-jib]
der Blumenladen

옷 가게
[ot ka-ge]
die Modeboutique

신발 가게
[sin-bal ka-ge]
das Schuhgeschäft

기념품 가게
[ki-nyeom-pum ga-ge]
der Souvenirladen

골동품 가게
[kol-dong-pum ka-ge]
das Antiquitätengeschäft

나는 ... 하고 싶다. [na-neun ... ha-go sip-da]	Ich möchte...
셔츠 한 벌 [syeo-cheu-han-beol]	ein Hemd.
바지 한 벌 [baji-han-beol]	eine Hose.
신발 한 켤레 [sinbal-han-kyeol-le]	ein Paar Schuhe.
양말 한 켤레 [yang-mal-han-kyeol-le]	ein Paar Strümpfe.
블라우스 두 벌 [beul-la-u-seu-du-beol]	zwei Blusen.
재킷 세 벌 [je-kit se-beol]	drei Jacken.
치마 네 벌 [chi-ma ne-beol]	vier Röcke.
코트 다섯 벌 [ko-teu ta-seot-beol]	fünf Mäntel.

이거 얼마예요? [i-geo eol-ma-ye-yo]	Wie viel kostet das?
... 원 입니다. [won-im-ni-da]	Das kostet ... won.
너무 비싸네요. [neo-mu bi-ssa-ne yo]	Das ist sehr teuer.
가격을 좀 깎아주실 수 있나요? [ka-gyeo-geul jom gga-gga-ju-sil su in-na-yo]	Können Sie mir das günstiger verkaufen?
굉장히 저렴하네요. [koeng-jang-hi jeo-ryeom-ha-ne-yo]	Das ist sehr billig.
고마워요, 충분합니다. [komawoyo chung-bun-ham-ni-da.]	Danke, das ist genug.
가격이 적당하네요. [ka-gyeo-gi jeok-dang-ha-ne-yo]	Der Preis ist angemessen.
너무 짧아요. / 너무 길어요. [neo-mu jjal-pa-yo. / neo-mu gi-reo-yo]	Das ist zu kurz / zu lang.
너무 작아요. / 너무 커요. [neo-mu ja-ga-yo. / neo-mu-keo-yo]	Das ist zu klein / zu gross.

이 옷을 입어 봐도 될까요?

[i-o-seul i-beo pwa-do dwel-gga-yo]

Kann ich das anprobieren?

피팅 룸은 어디에 있어요?

[pi-ting ru-meun eo-di-e- i-sseo-yo]

Wo ist die Umkleidekabine?

특별할인

[teuk-byeol-ha-rin]

Sonderangebot

세일

[se-il]

der ermäßigte Preis

프로모션

[peu-ro-mo-syeon]

die Werbeaktion

할인

[ha-rin]

der Rabatt

Die Farben 색깔 [sek-ggal]

흰색
[huin-sek]
weiß

검정색
[geom-jeong-sek]
schwarz

주황색
[ju-hwang-sek]
orange

갈색
[gal-sek]
braun

회색
[hoe-sek]
grau

하늘색
[ha-neul-sek]
hellblau

밝은
[bal-keun]
hell

어두운
[eo-du-un]
dunkel

빨간색
[ppal-gan-sek]
rot

분홍색
[pun-hong-sek]
rosa

노란색
[no-ran-sek]
gelb

녹색
[nok-sek]
grün

파란색
[pa-ran-sek]
dunkelblau

보라색
[po-ra-sek]
lila

Die Zahlen

숫자 [sut-ja]

Sinokoreanische Zahlen

0	영	[yeong]
1	일	[il]
2	이	[i]
3	삼	[sam]
4	사	[sa]
5	오	[o]
6	육	[yuk]
7	칠	[chil]
8	팔	[pal]
9	구	[gu]
10	십	[sip]
11	십일	[sib-il]
12	십이	[sib-i]
13	십삼	[sib-sam]
14	십사	[sib-sa]
15	십오	[sib-o]
16	십육	[sib-yuk]
17	십칠	[sib-chil]
18	십팔	[sib-pal]
19	십구	[sib-gu]
20	이십	[i-sib]
21	이십일	[i-sib-il]
22	이십이	[i-sib-i]
23	이십삼	[i-sib-sam]
24	이십사	[i-sib-sa]
25	이십오	[i-sib-o]
26	이십육	[i-sib-yuk]
27	이십칠	[i-sib-chil]
28	이십팔	[i-sib--pal]
29	이십구	[i-sib-gu]
30	삼십	[sam-sib]
40	사십	[sa-sib]
50	오십	[o-sib]
60	육십	[yuk-sib]
70	칠십	[chil-sib]
80	팔십	[pal-sib]
90	구십	[gu-sib]
100	백	[pek]
101	백일	[pe-kil]
102	백이	[pe-ki]
200	이백	[i-bek]
300	삼백	[sam-bek]
400	사백	[sa-bek]
500	오백	[o-bek]
600	육백	[yuk-bek]
700	칠백	[chil-bek]
800	팔백	[pal-bek]
900	구백	[ku-bek]
1000	천	[cheon]
10000	만	[man]
100000	십만	[sib-man]
1000000	백만	[peng-man]

Native koreanische Zahlen

1	하나	[hana]
2	둘	[dul]
3	셋	[set]
4	넷	[net]
5	다섯	[ta-seot]
6	여섯	[yeo-seot]
7	일곱	[il-gob]
8	여덟	[yeo-deol]
9	아홉	[a-hob]
10	열	[yeol]
11	열하나	[yeol-hana]
12	열둘	[yeol-dul]
13	열셋	[yeol-set]
14	열넷	[yeol-net]
15	열다섯	[yeol-da-seot]
16	열여섯	[yeol-yeo-seot]
17	열일곱	[yeol-il-gob]
18	열여덟	[yeol-yeo-deol]
19	열아홉	[yeol-a-hob]
20	스물	[seu-mul]
21	스물하나	[seu-mul-hana]
22	스물둘	[seu-mul-dul]
23	스물셋	[seu-mul-set]
24	스물넷	[seu-mul-net]
25	스물다섯	[seu-mul-ta-seot]
26	스물여섯	[seu-mul-yeo-seot]
27	스물일곱	[seu-mul-il-gob]
28	스물여덟	[seu-mul-yeo-deol]
29	스물아홉	[seu-mul-a-hob]
30	서른	[seo-leun]
40	마흔	[ma-heun]
50	쉰	[swin]
60	예순	[yeo-sun]
70	일흔	[il-heun]
80	여든	[yeo-deun]
90	아흔	[a-heun]
91	아흔하나	[a-heun-hana]
92	아흔둘	[a-heun-dul]
93	아흔셋	[a-heun-set]
94	아흔넷	[a-heun-net]
95	아흔다섯	[a-heun-ta-seot]
96	아흔여섯	[a-heun-yeo-seot]
97	아흔일곱	[a-heun-il-gob]
98	아흔여덟	[a-heun-yeo-deol]
99	아흔아홉	[a-heun-a-hob]

1

첫째 / 첫 번째

[cheot-jje / cheot beon-jje]

erste/r

2

둘째 / 두 번째

[dul-jje / du beon-jje]

zweite/r

3

셋째 / 세 번째

[set-jje / se beon-jje]

dritte/r

vierte/r	넷째 / 네 번째	[net-jje / ne beon-jje]
fünfte/r	다섯째 / 다섯 번째	[ta-seot-jje / ta-seot beon-jje]
sechste/r	여섯째 / 여섯 번째	[yeo-seot-jje / yeo-seot beon-jje]
siebte/r	일곱째 / 일곱 번째	[il-gop-jje / il-gop beon-jje]
achte/r	여덟째 / 여덟 번째	[yeo-teolp-jje / yeo-teolp beon-jje]
neunte/r	아홉째 / 아홉 번째	[a-hop-jje / a-hop beon-jje]
zehnte/r	열째 / 열 번째	[yeol-jje / yeol beon-jje]

Die Zeit und das Wetter

시간과 날씨 [si-gan-gwa nal-ssi]

Wann denn?

언제요? [eon-je-yo]

어제
[eo-je]
gestern

어제 저녁
[eo-je-jeo-nyeok]
letzte Nacht

그저께
[keu-jeo-gge]
vorgestern

지난주
[ji-nan-ju]
letzte Woche

작년
[jak-nyeon]
letztes Jahr

오늘
[o-neul]
heute

내일
[ne-il]
morgen

모레
[mo-re]
übermorgen

다음주
[da-eum-ju]
nächste Woche

내년
[ne-nyeon]
nächstes Jahr

Rund um die Uhr

시간에 관하여 [si-ga-ne gwan-ha-yeo]

시간 [si-gan]	die Uhrzeit
시계 [si-gye]	die Uhr
초 [cho]	die Sekunde / die Sekunden
분 [bun]	die Minute / die Minuten
십 분 [sib-bun]	zehn Minuten
십오 분 [sib-o bun]	fünfzehn Minuten / ein Viertel
삼십 분 [sam-sib bun]	dreißig Minuten / die halbe Stunde
한 시간 [han si-gan]	eine Stunde
두 시간 [tu si-gan]	zwei Stunden

일찍 / 이른

[il-jjig / i-reun]

früh

늦게 / 늦은

[neu-gge / neu-jeun]

spät

지금 몇 시예요?

[ji-geum myeot si-ye-yo]

Wie spät ist es?

오전 7시* 10분이에요.
[o-jeon il-gob si sip bun-i-e-yo]
Es ist zehn nach sieben.

새벽 1시예요.

[se-byeok han si-ye-yo]

Es ist ein Uhr.

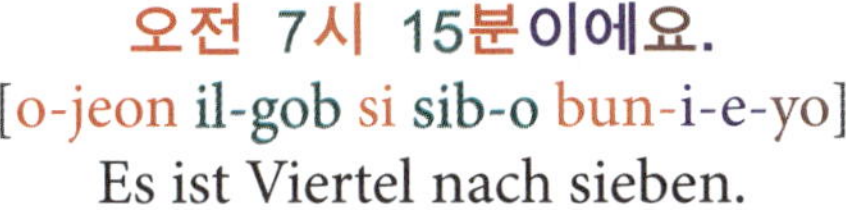

오전 7시 15분이에요.

[o-jeon il-gob si sib-o bun-i-e-yo]

Es ist Viertel nach sieben.

오전 8시 예요.

[o-jeon yeo-deol si-ye-yo]

Es ist acht Uhr.

오전 9시 50분이에요.
[o-jeon a-hob si o-sib bun-i-e-yo]
Es ist zehn vor zehn.

오전 10시예요.
[o-jeon yeol si-ye-yo]
Es ist zehn Uhr.

오전 10시 10분이에요.
[o-jeon yeol si sib bun-i-e-yo]
Es ist zehn nach zehn.

오전 10시 반이에요.
[o-jeon yeol si ban-i-e-yo]
Es ist halb elf.

정오예요.
[jeong-o-ye-yo]
Es ist Mittag.

저녁 8시 5분 전이에요.
[jeon-yeok yeo-deol-si o-bun jeon-i-e-yo]
Es ist fünf vor acht Uhr abends.

밤 10시예요.
[bam yeol si-ye-yo]
Es ist zehn Uhr abends.

자정이에요.
[ja-jeo-ngi-e-yo]
Es ist Mitternacht.

Die Wochentage

월요일 [wol-yo-il]	화요일 [hwa-yo-il]	수요일 [su-yo-il]
Montag	Dienstag	Mittwoch

근무일
[keun-mu-il] — der Werktag

주말
[ju-mal] — das Wochenende

휴일
[hyu-il] — der Feiertag

쉬는 날
[swi-neun nal] — der Ruhetag

목요일 [mo-gyo-il]	금요일 [keum-yo-il]	토요일 [to-yo-il]	일요일 [il-yo-il]
Donnerstag	Freitag	Samstag	Sonntag

오늘은 무슨 요일이에요?
[o-neu-reun mu-seun yo-il-i-e-yo]
Welchen Tag haben wir heute?

월요일이에요.
[wol-yo-il-i-e-yo]
Heute ist Montag.

오늘은 몇 월 며칠이에요?
[o-neu-reun myeot wol myeo-chil-i-e-yo]
Welches Datum haben wir heute?

오늘은 1월 10일이에요.
[o-neu-reun il wol sib il-i-e-yo]
Es ist der 10. Januar.

오늘은 휴일이에요?
[o-neu-reun hyu-il-i-e-yo]
Ist heute ein Feiertag?

1

일월

[il-wol]

Januar

2

이월

[i-wol]

Februar

5

오월

[o-wol]

Mai

6

유월

[yu-wol]

Juni

9

구월

[ku-wol]

September

10

시월

[si-wol]

Oktober

Die zwölf Monate des Jahres

열두 달 [yeol-du dal]

3
삼월
[sam-wol]
März

4
사월
[sa-wol]
April

7
칠월
[chil-wol]
Juli

8
팔월
[pal-wol]
August

11
십일월
[sib-il-wol]
November

12
십이월
[sib-i-wol]
Dezember

Das Wetter und die Jahreszeiten

날씨와 계절 [nal-ssi-wa gye-jeol]

오늘 날씨가 어때요? [o-neul nal-ssi-ga eo-tte-yo]	Wie ist das Wetter heute?
날씨가 좋아요. [nal-ssi-ga jo-a-yo]	Das Wetter ist heute schön.
날씨가 화창해요. [nal-ssi-ga hwa-chang-he-yo]	Die Sonne scheint.
날씨가 안 좋아요. [nal-ssi-ga an jo-a-yo]	Das Wetter ist heute schlecht.
더워요. [teo-wo-yo]	Es ist heiß.
따뜻해요. [tta-tteut-he-yo]	Es ist warm.
추워요. [chu-wo-yo]	Es ist kalt.
엄청 추워요. [eom-cheong chu-wo-yo]	Es ist sehr kalt.
바람이 불어요. [pa-ra-mi bu-reo-yo	Es ist windig.
안개가 꼈어요. [an-ge-ga ggyeo-sseo-yo]	Es ist neblig.
비가 와요. / 비가 내려요. [pi-ga wa-yo / pi-ga ne-ryeo-yo]	Es regnet.
이슬비가 와요. / 이슬비가 내려요. [i-seul-bi-ga wa-yo / i-seul-bi-ga ne-ryeo-yo]	Es nieselt.
눈이 와요. / 눈이 내려요. [nu-ni wa-yo / nu-ni ne-ryeo-yo]	Es schneit.

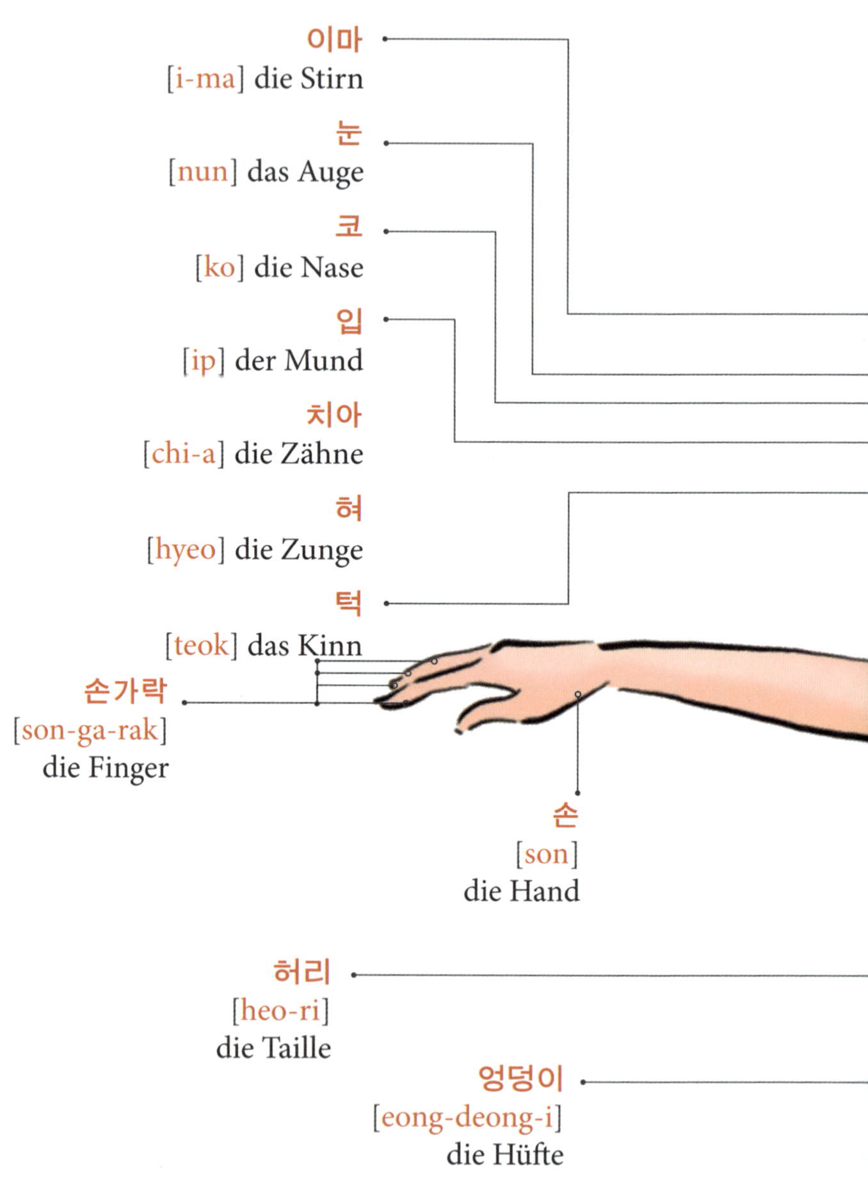

Die Körperteile

신체 부위 [sin-che bu-wi]

Der Körper und die Gesundheit

신체와 건강 [sin-che-wa geon-gang]

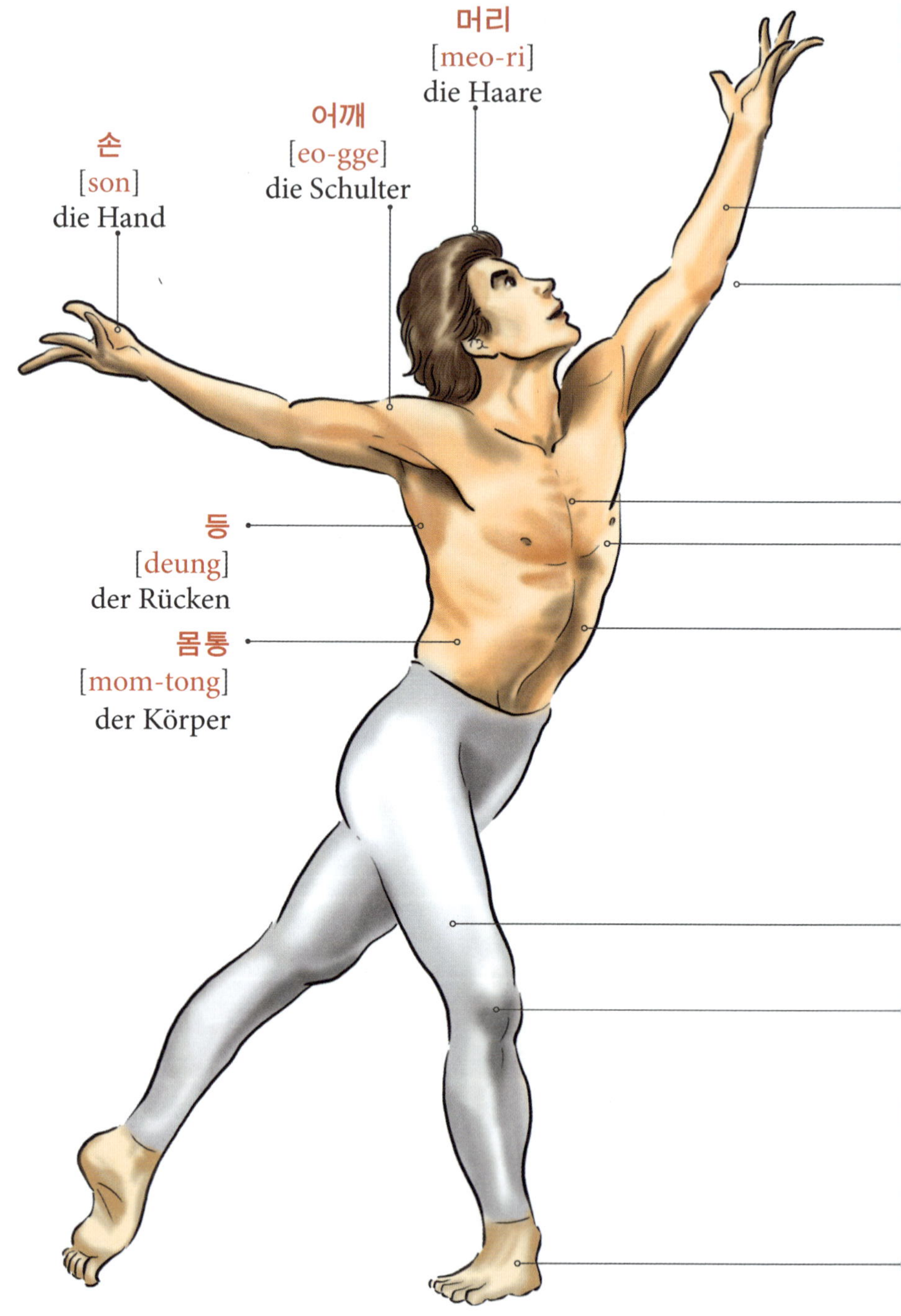
머리
[meo-ri]
die Haare
어깨
[eo-gge]
die Schulter
손
[son]
die Hand
등
[deung]
der Rücken
몸통
[mom-tong]
der Körper

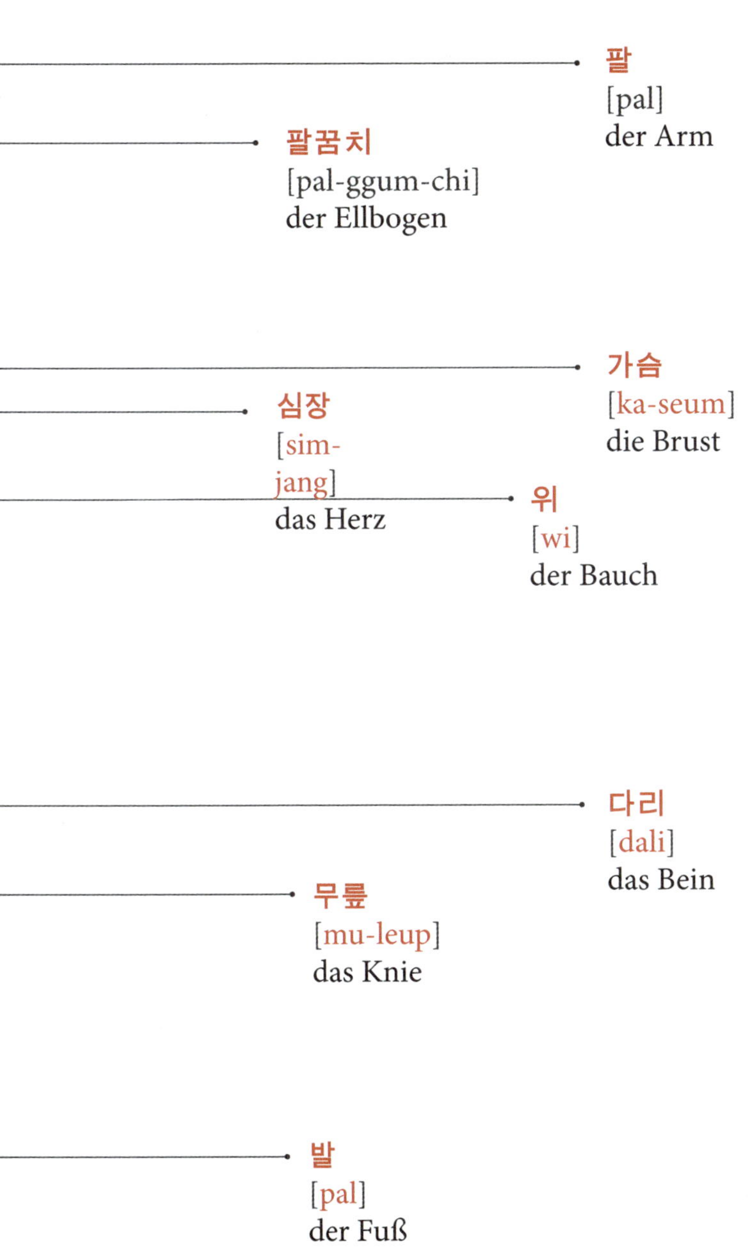
팔
[pal]
der Arm
팔꿈치
[pal-ggum-chi]
der Ellbogen
가슴
[ka-seum]
die Brust
심장
[sim-
jang]
das Herz
위
[wi]
der Bauch
다리
[dali]
das Bein
무릎
[mu-leup]
das Knie
발
[pal]
der Fuß

Wenn man sich krank fühlt

아플 때 [a-peul-tte]

몸이 안 좋아요. [mo-mi an jo-a-yo]	Ich bin krank.
토할 것 같아요. [to-hal geot ga-ta-yo]	Ich muss mich übergeben.
속이 메스꺼워요. [so-gi me-seu-ggeo-wo-yo]	Mir ist übel.
여기가 아파요. [yeo-gi-ga a-pa-yo]	Hier tut es weh.
열이 있어요. [yeo-ri i-sseo-yo]	Ich habe Fieber.
머리가 아파요. / 두통이 있어요. [meo-ri-ga a-pa-yo / du-tong-i i-sseo-yo]	Ich habe Kopfschmerzen.
배가 아파요. / 복통이 있어요. [pe-ga a-pa-yo / bok-tong-i i-sseo-yo]	Ich habe Bauchschmerzen.

목이 아파요. [mo-gi a-pa-yo]	Ich habe Halsschmerzen.
허리가 아파요. / 요통이 있어요. [heo-ri-ga a-pa-yo / yo-tong-i-i-sseo-yo]	Ich habe Rückenschmerzen.
이가 아파요. / 치통이 있어요. [i-ga a-pa-yo / chi-tong-i i-sseo-yo]	Ich habe Zahnschmerzen.
변비가 있어요. [byeon-bi-ga i-sseo-yo]	Ich habe Verstopfung.
설사를 해요. [seol-sa-reul he-yo]	Ich habe Durchfall.
알레르기가 있어요. [al-le-reu-gi-ga i-sseo-yo]	Ich habe eine Allergie.
두드러기가 났어요. [du-deu-reo-gi-ga na-sseo-yo]	Ich habe Ausschlag.

약국
[yak-guk] die Apotheke

약
[yak] die Medizin

약사
[yak-sa] der Apotheker / die Apothekerin

병원
[byeong-won] das Krankenhaus

의사
[ui-sa] der Arzt / die Ärztin

치과의사
[chi-gwa-ui-sa] der Zahnarzt / die Zahnärztin

안과의사
[an-gwa-ui-sa] der Augenarzt / die Augenärztin

간호사
[ka-no-sa] die Krankenschwester / der Krankenpfleger

고급차
[ku-geup-cha] der Krankenwagen

괜찮아요?

[kwen-cha-na-yo]

Gesundheit!

Tätigkeiten des Alltags

일상 생활 [il-sang seng-hwal]

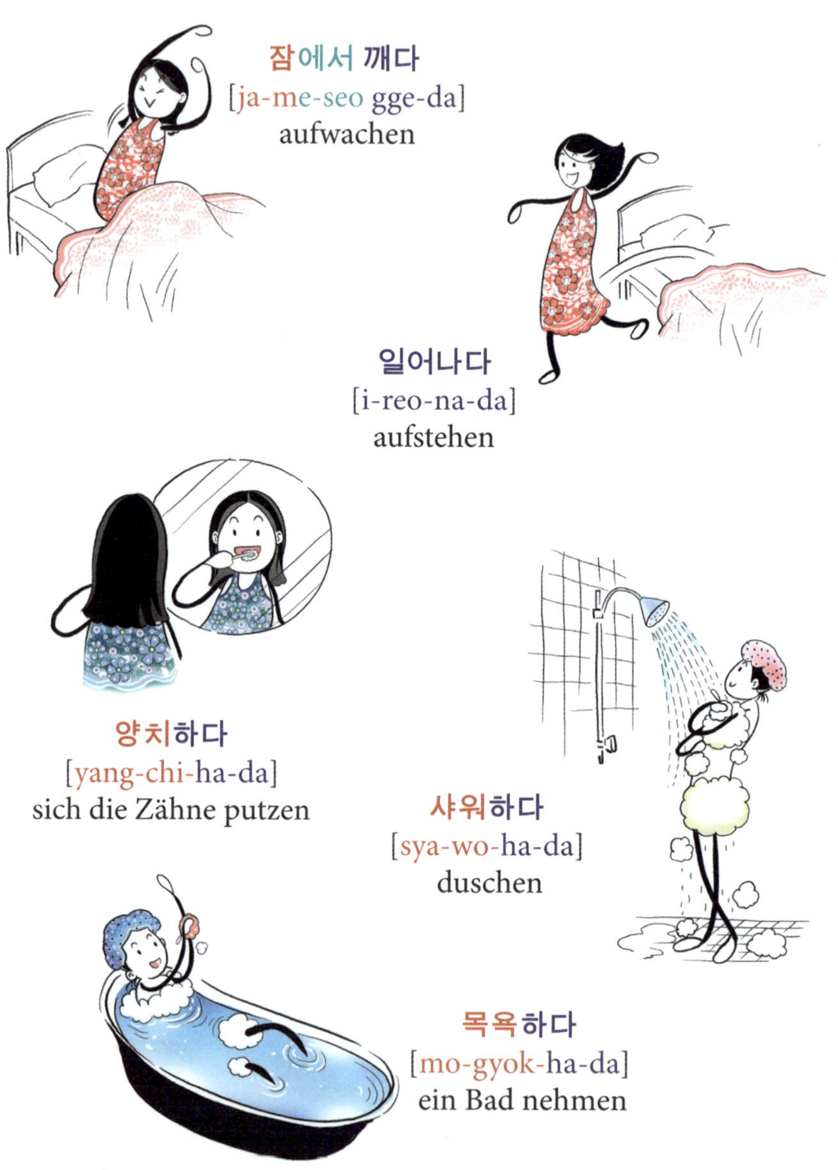

요리하다
[yo-ri-ha-da]
kochen

먹다
[meok-tta]
essen

마시다
[ma-si-da]
trinken

바라보다
[pa-ra-bo-da]
jemanden/etwas anschauen

쓰다
[sseu-da]
schreiben

읽다
[ik-tta]
lesen

기다리다
[ki-da-ri-da]
warten

만나다
[man-na-da]
jemanden treffen

주다
[ju-da]
jemandem etwas geben

기쁘다
[gi-ppeu-da]
sich freuen

춤추다
[chum-chu-da]
tanzen

웃다
[ut-tta]
lachen

울다
[ul-da]
weinen

떠나다
[tteo-na-da]
jemanden verlassen

통화하다
[tong-hwa-ha-da]
telefonieren

운동하다
[un-dong-ha-da]
Sport treiben

그림을 그리다
[keu-ri-meul keu-li-da]
malen

보다
[po-da]
jemanden/etwas beobachten

노래하다
[no-re-ha-da]
singen

사진을 찍다
[sa-ji-neul jjik-tta]
fotografieren

놀다
[nol-da]
sich amüsieren

사다
[sa-da]
etwas kaufen

팔다
[pal-da]
etwas verkaufen

일하다
[il-ha-da]
arbeiten

배우다
[pe-u-da]
etwas lernen

가르치다
[ka-reu-chi-da]
etwas lehren

껴안다
[ggyeo-an-da]
jemanden umarmen

사랑하다
[sa-rang-ha-da]
sich lieben

키스하다
[ki-seu-ha-da]
jemanden küssen

결혼하다
[kyeo-ron-ha-da]
heiraten

Notfälle

응급상황 [eung-geub-sang-wang]

화장실은 어디예요?

[hwa-jang-si-reun eo-di-e-yo]

Wo ist die Toilette?

제가 화장실에 가야 해서요.

[je-ga hwa-jang-si-re ga-ya he-seo-yo]

Ich muss zur Toilette gehen.

이 근처에 공중 화장실이 있나요?

[i geun-cheo-e gong-jung hwa-jang-si-ri in-na-yo]

Gibt es hier eine öffentliche Toilette?

병원에 가야 해요.

[pyeong-wo-ne ka-ya he-yo]

Ich muss sofort ins Krankenhaus.

경찰을 불러주세요!

[kyeong-cha-reul bul-leo-ju-se-yo]

Rufen Sie bitte die Polizei!

도와주세요!

[do-wa-ju-se-yo]

Hilfe!

Was sagen uns die Schilder?

이 표지판에는 뭐라고 쓰여 있을까?
[i pyo-ji-pa-ne-neun mwo-ra-go sseu-yeo i-sseul-gga]

경고
[kyeong-go]

ACHTUNG

진입금지
[jin ip-geum-ji]

KEIN DURCHGANG

제한구역
[je-han ku-yeok]

GESPERRT

양보
[yang-bo]

VORFAHRT GEWÄHREN

천천히
[cheon-cheo-ni]

LANGSAM FAHREN

버스전용
[peo-seu-jeon-yong]

NUR BUSSE

일방 통행

[il-bang tong-heng]

EINBAHNSTRAßE

주차 금지 / 견인 지역

[ju-cha geum-ji / kyeo-nin ji ycok]

PARKEN VERBOTEN

ABSCHLEPPBEREICH

정지

[jeong-ji]

STOPP

노인 보호

[no-in bo-ho]

RÜCKSICHT AUF ÄLTERE

어린이 보호

[eo-ri-ni bo-ho]

RÜCKSICHT AUF KINDER

약국
[yak-guk]

APOTHEKE

횡단금지
[hoeng-dan-geum-ji]

NICHT ÜBERQUEREN

열림
[yeol-lim]

GEÖFFNET

닫힘
[ta-chim]

GESCHLOSSEN

여자화장실
[yeo-ja hwa-jang-sil]

DAMEN

남자화장실
[nam-ja hwa-jang-sil]

HERREN

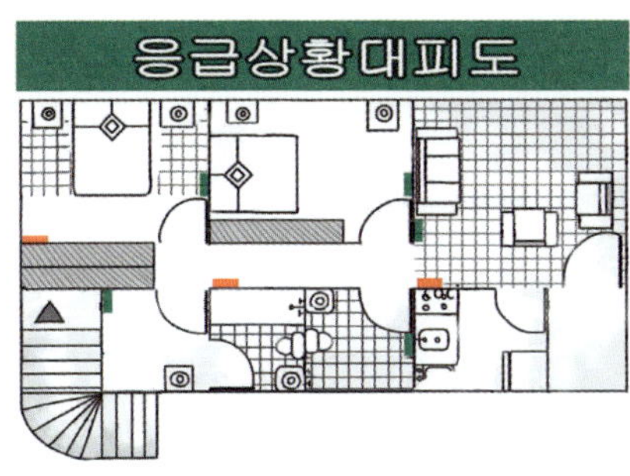

응급상황 대피도

[eung-geub-sang-wang te-pi-do]

FLUCHTPLAN

비상 출구

[pi-sang chul-gu]

NOTAUSGANG

출구

[chul-gu]

AUSGANG

횡단 보도

[hoeng-dan bo-do]

FUßGÄNGERÜBERWEG

자전거 횡단

[ja-jeon-geo hoeng-dan]

FAHRRADWEG

Nun kommen wir zu einem ganz besonderen Kapitel, dem Kapitel über Gefühlsausbrüche. Was hat dieses seltsame und ungewöhnliche Thema mit einem Buch zu tun, in dem es um den ersten Kontakt mit einer Fremdsprache geht?

Mit diesem Thema begebe ich mich mit dir auf eine Gratwanderung. Ich bin mir ziemlich sicher, dass du in keinem anderen Sprachbuch etwas darüber finden wirst. Das kann ich gut verstehen, denn es ist ein heikles Thema.

Aber ich finde es so wertvoll, so unentbehrlich für dich. Ich finde, du solltest dich mit Gefühlsausbrüchen gut auskennen, denn dieses Wissen wird dich in Korea vor ungewollten Peinlichkeiten schützen.

Gefühlsausbrüche gibt es nicht nur in Korea, sondern in allen Ländern der Welt. Jedes Kind wird von klein auf damit vertraut gemacht und verinnerlicht diese Form der Kommunikation. Aber... aber... es ist nicht einfach, damit umzugehen.

Zuerst möchte ich erklären, was ich mit dem Thema überhaupt verdeutlichen möchte, was ich mit dem Begriff „Gefühlsausbrüche" meine:

Gefühlsausbrüche sind Worte, die automatisch aus dem Mund heraussprudeln. Das passiert oft ohne, dass man darüber nachdenkt. Schwupps! Plötzlich sind sie da und man kann sie nicht mehr zurücknehmen.

Gefühlsausbrüche haben die Aufgabe, eine aufgewühlte Seele zur Ruhe zu bringen, wenn sie zuvor durch Zorn, Enttäuschung, Erschrecken, Verwunderung, Entzücken oder Ähnliches in Erregung geraten ist. Man könnte sie auch als seelische Turbulenzenberuhiger bezeichnen.

Gefühlsausbrüche gibt es in unterschiedlichen Graden und Stärken. Diese Grade hängen stark von der jeweiligen Bedeutung, von der Betonung oder der Situation ab, welcher sie ausgesprochen werden. Leichte Gefühlsausbrüche kann man einfach im Selbstgespräch vor sich hinmurmeln, um sich ein wenig abzukühlen. Starke Gefühlsausbrüche sind oft schlimme, tiefe verletzende Beschimpfungen.

Die Koreaner sind strengstens auf die Aufrechthaltung einer äußeren Form bedacht. Obwohl sie Peinlichkeiten vermeiden wollen, ändert das nichts daran, dass es die Gefühlsausbruchwörter auch in ihrer Sprache gibt.

Allen Menschen mit koreanischer Muttersprache möchte ich an dieser Stelle versichern, dass ich mit dem Thema keinerlei böse Absicht verfolge. Meine Intention ist es nicht, die koreanische Sprache zu beschmutzen, sondern Neulingen in der koreanischen Sprache gezielte Hilfe in herausfordernden Situationen anzubieten.

Hörst du als Anfänger Wörter, die ich im Folgenden als Gefühlsausbruchwörter näher erkläre, könnte es passieren, dass du diese aus Anpassungshöflichkeit im fremden Land nachsprichst.

Aber Vorsicht! Wenn du nicht die richtige Betonung findest, sie nicht in genau dem richtigen Augenblick einsetzt oder sie nicht der entsprechenden Beziehung zu deinem Gegenüber einsetzt, könnte es sehr, sehr peinlich werden.

Also: Verschließe deine Ohren nicht, wenn du sie vernimmst, aber plappere sie auch nicht einfach nach. Kenne sie als Fremder gut, aber nutze sie vorsichtig und nur dann, wenn du dir in der Anwendung hundertprozentig sicher bist!

Ein vorsichtiger Umgang mit Gefühlsausbrüchen wird dir so manche Peinlichkeit ersparen. Zum Glück gibt es dieses Sprachbuch für dich!

Fangen wir also an:

Das erste Wort, mit dem wir uns beschäftigen, heißt: 젠장 „jenjang“. Dieses Wort ist im allgemeinen Sprachgebrauch gesellschaftlich anerkannt. Übersetzen wir dieses Wort ins Deutsche, dann würde es etwa „Scheiße!“ heißen. Steht man zum Beispiel mit akuter Notdurft vor einer verschlossenen Toilettentüre, dann drückt „jenjang“ aus, das man von dieser verfänglichen Situation nicht begeistert ist und man spürt den Druck nicht nur in der Gedankenwelt, sondern ebenso im Bauch mit einer nach unten drängenden Wirkung.

Das folgende Wort, das ebenso Ärger oder Enttäuschung ausdrücken möchte, lautet 제기랄 „je-gi-lal".

Auf Deutsch hieße dieses Wort: „Verdammt!". Durch die direkte Übersetzung erspare ich mir eine Ausführung darüber, in welchen Situationen es zum Einsatz kommt. Vermutlich hast du es in deiner eigenen Sprache schon selber genutzt oder zumindest gehört.

Die folgenden Gefühlsausbruchwörter richten sich an eine bestimmte Person. Deswegen ist der Umgang mit ihnen noch delikater. Man könnte einen Mitmenschen durch falsche oder unbedachte Anwendung verletzen. Sei also behutsam und bewusst mit ihnen.

Die ersten zwei Wörter heißen:
바보 „ba-bo"
멍청이 „meong-cheongi"
Übersetzt würde es „Dummer", „Trampel" oder „Depp" bedeuten.

Der Gefühlsausbruch: 닥쳐 „dag-chyeo" oder 입 닥쳐 „ib-dag-chyeo" ist eine überaus unhöfliche Form jemandem zu verdeutlichen, dass er oder sie jetzt besser schweigen solle. Übersetzt würde das etwa „Halt´s Maul!" oder „Halt die Klappe!" bedeuten.

Ganz am Ende der Beschimpfungsmöglichkeiten steht im Koreanischen: 죽고 싶어? „jug-go sip-peo"
죽을래? „ju-geul-lae"

Neutral übersetzt würde dies bedeuten, dass man den anderen fragt, „ob er sterben wolle". Da die wenigsten diese Frage gerne bejahen würden, kann man diesen Gefühlsausbruch als gefährliche Drohgebärde verstehen und es lohnt sich, die Konversation an dieser Stelle klug und freundlich zu beenden.

So, lieber Leser, liebe Leserin, es ist mir nicht leicht gefallen, dir dieses sensible und heikle Thema darzulegen. Aber mir ist es ein Anliegen, dir größtmögliche Sicherheit beim ersten Kontakt mit der koreanischen Sprache zu schenken.

Man könnte das Thema sicherlich noch weiter ausbreiten. Aber es reicht, wenn du eine klare Vorstellung davon hast, um einen möglichen Schritt in ein Fettnäpfchen zu vermeiden. Bedenke immer, dass die Gefühlsausbruchwörter unterschiedliche Stärken haben und Vielfältiges ausdrücken können.

Wenn du mit diesen Ausdrücken in Kontakt kommst, versuche feinfühlig zu erspüren, ob der Sprechende ärgerlich, unzufrieden, wütend oder fröhlich und verschmitzt wirkt. Und dann vermeide es möglichst diese Worte, die du jetzt kennst, selbst auszusprechen.

Es könnte für dich sehr peinlich werden oder sogar deine Gesundheit gefährden, und du könntest jemandem sehr, sehr weh tun, wenn du diese Ausdrücke nicht richtig anwendest.

Slang Slang Slang

Slang, wie immer man dazu steht, auch wenn man ihn kritisch als Sprachverfall sieht, ist eine aktuelle sprachliche Kommunikationsform und heute nicht mehr wegzudenken.

Ursprünglich wurde der Slang von Jugendlichen und jungen Erwachsenen geprägt und war die „Sprache der Jugend“. Nach und nach wurde er von allen Altersgruppen übernommen. Slang wurde „normal“ und ist heute in allen Ländern auf der Welt anzutreffen.

Spielfilme sind hervorragende Repräsentanten aktueller Sprachformen. Auch hier haben Slangbegriffe Einzug gehalten und sind allgegenwärtig geworden.

Viele der Slangausdrücke sind Formen der Begrüßung oder der Verabschiedung. Alle sind Kurzformen die verschiedene Aussagen zusammenfassen oder abkürzen.

Beginnen wir mit dem ersten koreanischen Slangbegriff:

깜놀 [kkam-nol] überrascht sein, schockiert sein

깜놀 ist eine verkürzte Version von 깜짝 놀라다 [kkam-jjag nol-la-da] und bedeutet überrascht oder schockiert sein.

"뱀이 나타나서 깜놀이야!"
[be-mi na-ta-na-seo kkam-no-ri-ya]
Ich war überrascht, als eine Schlange auftauchte.

꿀잼 [kkul-jem] sehr lustig

꿀잼 ist eine verkürzte Version von
매우 재밌어! [me-u je-mis-seo]
und bedeutet „sehr lustig“.

"이 영상은 꿀잼이야!"
[i yeong-sa-ngeun kkul-je-mi-ya]
Dieses Video ist sehr lustig!

대박 [dae-bak] Großartig!

대박! [de-bag] hat die gleiche Bedeutung wie
큰 성공 [keun-seong-gong].

"로또에 당첨됐다며? 대박!"
[lo-tto-e dang-cheom-dwess-da-myeo? de-bag]
Ich habe gehört, dass du im Lotto gewonnen hast.
Großartig!

셀카 [sel-ca] ein Selfie machen

Dieses Wort besteht aus zwei koreanischen Wörtern:
셀프 [sel-peu] und 카메라 [ka-me-ra]

셀프 [sel-peu] = englisches Wort „**self**“
카메라 [ka-me-ra] = englisches Wort „**camera**“

그녀는 매일 셀카를 찍어.
[geu-nyeo-neun me-il sel-ka-reul jji-geo]
Sie macht jeden Tag ein Selfie.

남친 [nam-chin] = 남자친구 [**nam**-ja **chin**-gu] = Freund
여친 [nam-chin] = 여자친구 [**yeo**-ja **chin**-gu] = Freundin

남자 [**nam**-ja] = Junge + 친구 [**chin**-gu] = Freund ---> Freund
여자 [**yeo**-ja] = Mädchen + 친구 [**chin**-gu] = Freund ---> Freundin

그는 나의 남친이다.
[geu-neun na-ui nam-chi-ni-da]
Er ist mein Freund.

그녀는 나의 여친이다.
[geu-nyeo-neun na-ui yeo-chi-ni-da]
Sie ist meine Freundin.

불금 [bul-geum] Freitagnacht

불금 [bul-geum] ist die Kurzform von
금요일 밤 [geum-yo-il bam]

"이번 불금에 밤새도록 마시자."
[i-beon bul-geu-me bam-se-do-log ma-si-ja]
Lasst uns diese Freitagnacht die ganze Nacht trinken.

비추 [bi-chu] nicht zu empfehlen

비추 [bi-chu] nicht zu empfehlen
비 = nicht, 추 (추천) = Empfehlung

"그 사람과 데이트하는 것은 완전 비추야."
[geu sa-ram-gwa de-i-teu-ha-neun
geo-seun wan-jeon bi-chu-ya]
Ich empfehle dir absolut nicht mit diesem Kerl auszugehen.

베프 [be-peu] bester Freund

베프 besteht aus zwei koreanischen Wörtern:
베스트 [**be**-seu-teu] = englisches Wort „**best**“
프렌드 [**peu**-ren-deu] = englisches Wort „**friend**“

"그는 내 베프야."
[geu-neun ne be-peu-ya]
Er ist mein bester Freund.

생얼 [seng-eol] ungeschminkt sein

생 [seng] = roh
얼 kommt von dem Wort 얼굴 = Gesicht

"그녀는 생얼이지만 너무 아름답다."
[geu-nyeo-neun saeng-eol-i-ji-man
neo-mu a-reum-dab-da]
Sie ist ungeschminkt, aber trotzdem so schön.

존맛 [jon-mat] verdammt lecker

존맛 [jon-mat] hat die gleiche Bedeutung wie
매우 맛있어 [me-u ma-sis-seo] (sehr lecker),
die Nuance des 존맛 ist jedoch etwas intensiver.

존 bedeutet ungefähr „verdammt“
맛 ist die Kurzform von 맛있어

"이 음식 존맛이야!"
[i eum-sig jon-ma-si-ya]
Dieses Essen ist verdammt lecker!

브라보!
[peu-ra-bo]
Bravo!

탁월해!
[tak-wol-he]
Ausgezeichnet!

최고야!
[choe-go-ya]
Super!

완벽해!
[wan-byeo-ke]
Perfekt!